AF356560

CATALOGUE

D'UN SUPERBE CABINET,

Consistant en une partie considérable de beaux Tableaux, de belles Estampes, de Coquillages les plus rares, de Minéraux, et d'une infinité d'autres objets de curiosité, ainsi que d'une Bibliothèque composée de 500 volumes, délaissé par feu M. F^s (Rosenquest,) dont la vente se fera publiquement, à Dunkerque, le lundi 7 Septembre 1818, à dix heures du matin, deux de relevée et jours suivans, dans le local de la Bourse, Place d'Armes, par le ministère de M. N^s.-F^s. Evrard, Commissaire-priseur en cette ville.

S 102 647

A DUNKERQUE, CHEZ DROUILLARD.

CONDITIONS DE LA VENTE.

1º. *Les objets seront vendus dans l'état où ils se trouvent ; les amateurs ayant eu la faculté de les voir 8 jours avant la vente, aucune réclamation ne sera reçue.*

2º. *Il sera accordé un terme de 2 mois, à compter du 1ᵉʳ jour de la vente, aux personnes de la ville bien connues; les étrangers devront se faire représenter par des habitans de la ville qui se rendront cautions pour eux.*

3º. *Les acheteurs seront tenus de faire enlever de suite les objets qu'ils auront achetés, pour éviter toute confusion.*

4º. *Les payemens se feront entre les mains du Sr.* **N.-F. Evrard**, *Commissaire-priseur qui tiendra la vente, en matières d'or et d'argent, et avec 5 pour cent, à la charge des acheteurs, par-dessus le prix principal.*

ORDRE DE LA VENTE.

1º. *Les Meubles, literies, porcelaine, argenterie, bijouteries, etc.*

2º. *Les Figures, pompe pneumatique, coquillages, médailles, minéraux, camées, et autres raretés.*

3º. *Les Estampes, tant sous verre que non encadrées, en suivant l'ordre des numéros en rouge, qui sont ceux du Catalogue, les autres étant ceux de l'inventaire.*

4º. *Les Tableaux, en commençant par ceux non classés au Catalogue, et ensuite ceux classés, en suivant aussi l'ordre des numéros rouges.*

5º. *La Bibliothèque, en suivant autant que possible les numéros.*

TABLEAUX.

1. Les Cinq Sens, tableau d'une couleur très-fraîche, figures d'environ grandeur naturelle, jusqu'aux genoux, dans le goût de l'école vénitienne; peint sur toile. 3 pieds 5 pouces de hauteur, sur 4 pieds 8 pouces 6 lignes de largeur.

2. Un Midas, figures de grande proportion, vues à mi-corps; par Jordaens; sur toile. 2 pieds 2 p. de hauteur, sur 2 pieds 10 p. de largeur.

3. La Famille de David Ryckaert, peinte par lui-même, figures d'environ 2 pieds de proportion. Ce tableau est un des plus capitaux qui soient sortis de sa main; sur toile. 2 pieds 8 p. de h., sur 4 pieds 8 p. 6 l. de larg.

4. Une Magicienne, fig. de petite proportion, vues à mi-corps, dans le goût italien; sur toile. 2 pieds 3 p. de hauteur, sur 2 pieds 11 p. de largeur.

5. Saint Jérôme, demi-figure, grandeur naturelle, de l'école italienne; sur toile. 3 pieds 2 p. de hauteur, sur 2 pieds 10 p. de largeur.

6. Saint Jean-Baptiste, figure de grandeur naturelle et presqu'en pied, de l'école italienne; sur toile. 3 pieds de hauteur, sur 2 pieds 10 p. de largeur.

7. Des Fumeurs, par Tilbourg, sur toile. 1 pied 10 p. 6 l. de hauteur, sur 1 pied 7 p. de largeur.

8. Famille de sept personnages, figures en pieds, proportion demi-nature, de l'école flamande; sur toile. 4 pieds 3 p. de hauteur, sur 6 pieds 1 p. 6 l. de larg.

9. Une Femme soufflant du feu, vue à mi-corps; sur bois. 11 pouces de hauteur, sur 8 pouces de largeur.

10. Deux petits Tableaux faisant pendans, l'un représentant une tête de vieillard avec une barbe et coiffé d'un turban, l'autre une tête de femme coiffée d'un voile, de l'école hollandaise; sur bois. 9 pouces 6 l. de hauteur, sur 8 pouces de largeur.

11. Réunion de Musiciens jouant de plusieurs instrumens, figures plus qu'à mi-corps et de grandeur naturelle, par Lespagnolet; sur toile. 3 pieds 6 p. de hauteur, sur 4 pieds 8 p. de largeur.

12. Les Quatre Ages de la vie, par le même, figures d'égale dimension que le précédent; sur toile. 3 pieds 6 p. de hauteur, sur 4 pieds 8 p. de largeur.

13. Réunion de Musiciens, tableau d'une couleur très-vigoureuse, figures de grandeur naturelle, vues à mi-corps; sur toile. 3 pieds 10 p. de haut^r., sur 4 pieds 10 p. de largeur.

14. Paysage avec figures, portant les lettres initiales de David Teniers; sur toile. 2 pieds 4 p. de hauteur, sur 3 pieds 9 p. de largeur.

15. Des Cavaliers buvant près d'une tente; sur toile. 2 pieds de hauteur, sur 2 pieds 11 p. de largeur.

16. Groupe de figures et d'animaux avec fond de paysage, d'une couleur très-vigoureuse; sur toile. 2 pieds 1 p. de hauteur, sur 1 pied 9 p. de largeur.

17. Table couverte de différens fruits, d'un jambon et d'un pâté. par David Dehem; sur toile. 3 pieds 3 p. de hauteur, sur 4 pieds 3 p. de largeur.

18. Un Buveur, figure de petite dimension, vue à mi-corps, d'un pinceau très-soigné, sur bois. 7 pouces 6 l. de hauteur, sur 6 pouces 6 l. de largeur.

19. Des Fumeurs, figures de petite dimension, par Brauwer; sur bois. 7 pouces 6 l. de haut^r., sur 9 pouces 6 l. de largeur.

20. Paysage avec figures, par Poelenburg; sur bois. 7 pouces 6 l. de hauteur, sur 9 pouces de largeur.

21. Paysage, par Jacques Ruysdaal; sur bois. 8 pouces 6 l. de hauteur, sur 1 pied de largeur.

22. Une Bambochade, tableau d'une très-bonne couleur, dans le goût de Netscher; sur bois. 1 pied 3 p. 6 l. de hauteur, sur 1 pied 8 p. de largeur.

23. Paysage avec figures et animaux, par Nicolas Berghem; sur toile. 1 pied 11 p. de hauteur, sur 2 pieds 3 p. 6 l. de largeur.

24. Une Marine, par Bakuysen; sur toile. 1 pied 2 p. de hauteur, sur 1 pied 9 p. de largeur.

25. Groupe d'animaux avec fond de paysage, de l'école hollandaise; sur bois. 1 pied 2 p. de hauteur, sur 1 pied 5 p. 6 l. de largeur.

26. Paysage avec animaux, par M. Omeganck; sur verre. 11 pouces de hauteur, sur 1 pied 2 p. de largeur.

27. Deux petits paysages sous le même nº., l'un représentant un Clair de Lune, l'autre le Coucher du Soleil, par Lantara; sur bois. 4 pouces de h., sur 5 de larg.

28. Deux paysages faisant pendans, l'un représentant l'Eté, l'autre l'Hiver, par Vollerdt. Ces tableaux sont du plus précieux fini; sur bois. 1 pied 2 p. de hauteur, sur 1 pied 6 p. 6 l. de largeur.

29. Une Guirlande de fruits, par J. Vanson; sur toile. 1 pied 7 p. de hauteur, sur 1 pied 4 p. de largeur.

30. Un Vase de fleurs, par Dewit; sur toile. 1 pied 5 p. de hauteur, sur 1 pied 1 p. 6 l. de largeur.

31. Une Bataille, tableau d'un effet vigoureux, dans le goût de Salvator Rosa; sur toile. 1 pied 1 p. de hauteur, sur 1 pied 9 p. 6 l. de largeur.

32. Choc de Cavaliers, tableau d'une fort belle touche; sur bois. 1 pied 1 p. de hauteur, sur 1 pied 8 p. de larg.

33. Un Homme blessé, et pansé par un cavalier, tableau d'une grande vigueur; sur toile. 1 pied 2 p. de haut^r., sur 1 pied 7 p. 6 l. de largeur.

34. Assemblée d'hommes et de femmes buvant, de l'école hollandaise; sur toile. 1 pied 1 p. de hauteur, sur 1 pied 5 p. 6 l. de largeur.

35. Groupe d'Oiseaux morts, signé M.-D. B.; sur cuivre. 1 pied 1 p. 6 l. de hauteur, sur 10 pouces de larg.

36. Paysage avec figures et animaux, dans le goût italien; sur toile. 1 pied 9 p. de h., sur 2 pieds 7 p. de larg.

37. Paysage orné d'un grand nombre de figures, dans la manière de P. Bauts; sur toile. 1 p. 2 p. 6 l. de h^r., sur 1 pied 3 p. 6 l. de largeur.

38. Deux petits Tableaux de Batailles, faisant pendans, par Breydel; sur bois. 6 pouces de hauteur, sur 7 pouces 6 l. de largeur.

39. Une petite Tête d'homme, dans le goût de l'école holl.; sur bois. 6 pouces de h^r., sur 4 pouces 6 l. de larg.

40. Groupe d'Oiseaux morts et divers ustensiles de chasse, par David Dehem; sur toile. 2 pieds 2 p. de hauteur, sur 1 pied 10 p. de largeur.

41. Des Perdrix et une pièce de viande à un croc; sur toile. 1 pied 10 p. de hauteur, sur 2 pieds 3 p. de largeur.

42. Un Homme chantant et tenant sa cruche; sur bois. 5 pouces de hauteur, sur 6 de largeur.

43. Un Ecce-Homo; sur bois. 1 pied 9 p. 6 l. de haut^r., sur 1 pied 5 p. de largeur.

44. Petit Tableau de nature morte; sur bois. 8 pouces 6 l. de hauteur, sur 1 pied 6 l. de largeur.

45. La Charité romaine, dans le goût italien; sur toile, forme ovale. 2 pieds 10 p. de hauteur, sur 2 pieds 3 p. 6 l. de largeur.

46. Une Table sur laquelle se trouvent des raisins de différentes espèces, des huîtres et un bocal; sur toile. 1 pied 1 p. de hauteur, sur 1 pied 8 p. de largeur.

47. Une Table chargée de différens vases, par Devos; sur toile. 1 pied 7 p. de h., sur 2 pieds 7 p. 6 l. de larg.

48. Un Christ couronné d'épines, tableau d'un bel effet et d'un précieux fini, école hollandaise; sur bois. 5 pouces de hauteur, sur 11 pouces 6 l. de largeur.

49. Des Joueurs de cartes, école hollandaise, sur bois. 7 pouces de hauteur, sur 9 de largeur.

5o. L'Intérieur d'une Cuisine, présumé par M. Senave; sur bois. 7 pouces de hauteur, sur 5 de largeur.

51. Une Femme sortant du bain, tableau d'un beau fini; sur bois. 10 pouces de hauteur, sur 8 de largeur.

52. Petite Marine hollandaise; sur bois. 9 pouces de haut^r., sur 1 pied 2 p. de largeur.

53. Une Vache, un Ane et 2 Moutons, avec fond de paysage; sur bois. 10 pouc. 6 l. de haut., sur 8 pouc. 6 l. de larg.

54. Une Vache et une Chèvre, avec fond de paysage; sur bois. 10 pouces 3 l. de hauteur, sur 8 po. 4 l. de larg.

55. Deux Tableaux faisant pendans, représentant des enfans posant des fleurs au pied d'un vase; sur toile. 1 pied 6 l. de hauteur, sur 9 pouces 3 l. de largeur.

56. Un Peintre à son chevalet, école flamande; sur bois. 11 pouces 3 l. de hauteur, sur 8 pouces 6 l. de larg.

57. L'Adoration des Bergers; sur toile. 1 pied 5 p. de haut^r., sur 2 pieds de largeur.

58. Deux petits Tableaux faisant pendans, représentant des ruines, par Robert; sur bois. 6 pouces 9 l. de haut^r., sur 5 pouces de largeur.

59. Une petite Fille couronnée de fleurs, école flamande; sur toile; 2 pieds de haut^r., sur 1 pied 6 l. de larg.

6o. Une Grotte avec figures et animaux, école hollandaise; sur bois. 9 pouces de h^r., sur 1 pied de largeur.

61. Trois Tableaux sur pierre, représentant des sujets de dévotion. (Ces tableaux sont très-anciens.) 9 pouces 9 l. de hauteur, sur 7 pouces 9 l. de largeur.

62. Une Madeleine près de laquelle se trouve un Ange, peint sur marbre, école italienne, forme ronde, diamètre 8 pouces 6 l.

63. Petit Paysage avec figures; sur toile. 4 pouces 9 l. de hauteur, sur 8 pouces de largeur.

64. Deux Tableaux représentant des Ports de mer, avec une quantité considérable de petites figures; sur toile. 10 pouces 6 l. de haut^r., sur 1 pied 3 p. 3 l. de larg.

65. Deux Tableaux représentant les bords de la mer, ornés de figures; sur toile. 1 pied de hauteur, sur 1 pied 3 p. de largeur.

66. Deux Tableaux faisant pendans, l'un représentant un Port de mer orné de petites figures, l'autre un Hiver,

paysage, par Vandercable ; sur bois, forme ronde. diamètre 9 pouces.

67. Deux Tableaux faisant pendans, l'un représentant Jésus-Christ en prières au jardin des Oliviers, l'autre Jésus-Christ arrêté par des soldats ; sur bois. 1 pied de hauteur, sur 9 pouces de largeur.

68. Deux petits Tableaux faisant pendans, l'un représentant un homme coiffé d'une toque rouge, l'autre une tête de femme ; sur bois. 4 pouces 6 l. de hauteur, sur 3 pouces 3 l. de largeur.

69. Bataille de Coqs, dans la manière d'Hondekoeter ; sur toile. 3 pieds 4 p. de hauteur, sur 4 pieds 6 p. de larg.

70. Table couverte de raisins, de pêches et de différens vases ; sur toile. 3 p. 2 p. 6 l. de hauteur, sur 5 pieds 2 p. de largeur.

71. Tête de jeune fille, dans la manière de Greuze ; sur toile. 1 pied 3 p. de haut^r., sur 1 pied de largeur.

72. Deux Tableaux faisant pendans, l'un représentant des coqs, des poules et des dindons, l'autre des coqs, des poules et des canards, fond de paysage, par Hondekoeter ; sur bois. 1 pied 6 p. de haut^r., sur 1 pied 2 p. 6 l. de largeur.

73. Paysage avec figures, par Vangoeyen ; sur bois. 10 pouc. 6 l. de hauteur, sur 1 pied 4 p. de largeur.

74. Paysage dans la manière de Guas Poussin ; sur toile. 10 pouces 6 l. de hauteur, sur 1 pied 1 p. de largeur.

75. Des Mendians au pied d'un escalier, dans la manière de Teniers ; sur bois. 11 pouces 6 l. de hauteur, sur 9 pouces de largeur.

76. Vénus fouettant l'Amour avec des roses, par Watteau ; sur bois. 9 pouces 6 l. de h^r., sur 8 pouces de larg.

77. Vieille Femme tenant une chandelle, dans la manière de Schalken ; sur bois. 10 pouces de hauteur, sur 9 de largeur.

78. Paysage représentant l'entrée d'un bois ; sur bois. 11 pouces 3 l. de hauteur, sur 1 pied 2 p. 6 l. de larg.

79. Tête de Vieillard coiffé d'un bonnet vert, école holl. ; sur bois. 1 pied de hauteur, sur 9 pouces 6 l. de larg.

80. Un Vase de fleurs, portant la marque AVL. F. ; sur bois. 1 pied 9 l. de hauteur, sur 9 pouces de largeur.

81. Un Homme vêtu de noir près d'une table où se trouvent les attributs des sciences et des arts, derrière lui est une jeune fille tenant un portrait, école holl. ; sur toile. 2 pieds 7 p. de h^r., sur 2 pieds 1 p. de larg.

82. Saint Pierre arrêté par un soldat, figures presqu'à mi-

corps , proportion plus que nature, école italienne ;
sur toile. 3 pieds de haut^r., sur 2 pieds 9 p. 6 l. de larg.

83. Nature morte ; sur toile. 2 pieds 1 p. de hauteur, sur
2 pieds 7 p. de largeur.

84. Paysage avec figures et animaux, présumé de Berghem ;
sur bois. 2 pieds 3 p. de h^r., sur 3 p. 2 p. de larg.

85. Paysage avec figures, dans la manière de Paul Bril ; sur
bois. 2 pieds 2 p. de hauteur, sur 3 pieds de largeur.

86. Paysage avec un grand nombre de figures et d'animaux,
dans le goût de Van Artois ; sur toile. 2 pieds 6 p.
de hauteur, sur 3 pieds 9 p. de largeur.

87. Un Arlequin et un Paillasse amusant une société, fond
de jardin, dans le goût de Lancret ; sur toile. 2 pieds
9 p. de hauteur, sur 2 pieds 7 p. de largeur.

88. Tableau représentant une grotte dans laquelle on aper-
çoit un centaure ; un cheval blanc et un cygne sont
sur le devant du tableau ; sur toile. 1 pied 7 p. de
hauteur, sur 2 pieds 1 p. 6 l. de largeur.

89. Table couverte de fruits, de vases et de coquillages,
école hollandaise ; sur toile. 1 pied 3 p. de hauteur,
sur 1 pied 6 p. de largeur.

90. Enlèvement d'Europe, école italienne ; sur toile. 2 pieds
10 p. de hauteur, sur 3 pieds 7 p. 6 l. de largeur.

91. Marine, où l'on voit un vaisseau portant pavillon hol-
landais, et sur le bord de la mer plusieurs sau-
vages, par Folet ; sur toile. 2 pieds 3 p. de haut^r.,
sur 3 pieds 8 p. de largeur.

92. Diane métamorphosant Actéon, école italienne ; sur
toile. 2 pieds 5 p. de hauteur, sur 3 pieds 4 p. de larg.

93. Paysage avec figures, par F^s. Mans ; sur bois. 1 pied
3 p. de hauteur, sur 1 p. 1 p. de largeur.

94. Des Musiciens près d'une table chargée de fruits, demi-
figures de grandeur naturelle ; sur toile. 3 pieds 7 p.
de hauteur, sur 5 pieds 4 p. de largeur.

95. Paysage avec figures ; sur bois. 10 pouces 6 l. de haut^r.,
sur 1 pied 2 p. de largeur.

96. Saint Michel chassant les démons, école italienne ; sur
toile. 1 pied 6 p. de hauteur, sur 1 pied de largeur.

97. Des Buveurs, école hollandaise ; sur toile. 1 pied 1 p. de
hauteur, sur 11 pouces 6 l. de largeur.

98. Des Ruines avec figures ; sur bois. 1 pied 2 p. 6 l. de
hauteur, sur 1 pied 8 p. 6 l. de largeur.

99. Une Madeleine, vue à mi-corps ; sur bois. 1 pied 3 p.
de hauteur, sur 11 pouces de largeur.

100. Un Chimiste dans son laboratoire, école hollandaise ;

sur toile. 1 pied 11 p. de h^r, sur 1 pied 7 p. 6 l. de larg^r.

101. Des Paysans dansant et buvant, école flamande, sur bois. 9 pouces de hauteur, sur 1 pied 1 p. de largeur.

102. Un Amour tenant un cœur percé de flèches, école flamande ; sur bois. 1 pied 2 p. de h^r., sur 1 pied de larg^r.

103. Figures et animaux, avec fond de paysage, par Bassan ; sur bois. 1 pied 6 l. de h^r., sur 1 pied 5 p. de largeur.

104. Des Raisins dans un plat de porcelaine, un perroquet et deux oiseaux ; sur bois. 1 pied 2 p. 6 l. de hauteur, sur 1 pied 7 p. 6 l. de largeur.

105. Paysage orné de fabriques, présumé par Claude Lorin ; sur toile. 1 pied 3 p. de hauteur, sur 1 pied 9 p. 6 l. de largeur.

106. Un Satyre causant avec des paysans, école flamande ; sur toile. 2 pieds de hauteur, sur 2 de largeur.

107. Un Hareng et différens fruits posés sur une tablette, par Vanhuysum ; sur toile. 1 pied 6 p. de hauteur, sur 1 pied 9 p. 6 l. de largeur.

108. Tableau représentant des lièvres morts ; sur bois. 1 pied 6 p. de hauteur, sur 1 pied 10 p. de largeur.

109. Un Vase de fleurs ; sur toile, forme ovale. 1 pied 8 p. de hauteur, sur 1 pied 4 p. de largeur.

110. Portrait de Louis XIV, présumé par Largillion ; sur toile, forme ovale. 2 pieds 10 p. de hauteur, sur 2 pieds 4 p. 6 l. de largeur.

111. Une Corbeille de fleurs ; sur toile. 1 pied 11 p. de h^r., sur 3 pieds 1 p. de largeur.

112. Une Nativité, école italienne ; sur toile. 3 pieds 1 p. de hauteur, sur 2 pieds 6 p. de largeur.

113. Deux Figures vues à mi-corps, tenant une cage avec un ara, entouré d'une guirlande de fleurs, école flamande ; sur toile. 2 pieds de hauteur, sur 1 pied 6 p. de larg.

114. Tête d'Homme coiffé d'une toque et soufflant un tison ; sur toile. 2 pieds de hauteur, sur 1 pied 8 p. de larg.

115. Présentation de l'Enfant Jésus au Temple, école française ; sur toile. 2 pieds 2 p. de hauteur, sur 1 pied 7 p. de largeur.

116. Une Naïade appuyée sur un fleuve, école italienne ; sur toile. 1 pied 10 p. de h^r., sur 2 pieds 3 p. de larg.

117. Une Nymphe appuyée sur le gazon, pendant du précédent. 1 pied 10 p. de h^r., sur 2 pieds 3 p. de larg.

118. Une Déesse portée dans une conque marine conduite par des Tritons ; dans le goût de Rubens, sur bois. 2 pieds 1 p. 6 l. de hauteur, sur 1 pied 10 p. de larg.

119. Paysage avec figures et animaux, dans la manière de

Berghem ; sur toile. 2 pieds de hauteur, sur 2 pieds 6 p. de largeur.

120. La Vierge, l'Enfant Jésus et St. Joseph, demi-figures d'environ grandeur naturelle, école italienne ; sur toile. 2 pieds 8 p. de hauteur, sur 2 pieds 2 p. 6 l. de larg.

121. Réunion de Paysans dans un intérieur, buvant et fumant ; école hollandaise, sur toile. 1 pied 9 p. de hauteur, sur 2 pieds 4 p. de larg.

122. Des Paysans jouant et buvant ; école hollandaise, sur toile. 1 pied 10 p. de hauteur, sur 2 pieds 6 p. de larg.

123. Vénus portée sur des nuages ; école italienne, sur toile. 2 pieds de hauteur, sur 2 pieds 6 p. de largeur.

124. Deux Tableaux faisant pendans, représentant des ports de mer ornés d'une quantité prodigieuse de figures ; sur toile. 1 pied 9 p. de h^r., sur 2 pieds 7 p. de larg.

125. Portrait d'Homme, buste de grandeur naturelle ; école flamande, sur toile. 2 pieds 4 p. de hauteur, sur 1 pied 11 p. de largeur.

126. Paysage, site montagneux orné de figures ; sur toile. 1 pied 4 p. de hauteur, sur 1 pied 11 p. de largeur.

127. Jésus-Christ à la Piscine ; sur bois. 1 pied 3 p. 6 l. de hauteur, sur 1 pied 8 p. de largeur.

128. Des Paysans près d'une table ; école flamande, sur bois. 10 pouces 6 l. de hauteur, sur 1 pied 3 p. 6 l. de larg.

129. Paysage avec figures ; par Abraham Blommart, sur toile. 1 pied de hauteur, sur 1 pied 2 p. 6 l. de largeur.

130. Un Choc de Cavaliers ; attribué à Bourguignon, sur bois. 1 pied 1 p. de hauteur, sur 1 pied 7 p. de larg.

131. Différens Fruits posés sur une table ; par Moerkercke, sur toile. 1 pied 1 p. 6 l. de h., sur 1 pied 6 p. de larg.

132. Une Table couverte de fruits, de différens vases et d'un pâté ; sur toile. 1 pied 5 p. de hauteur, sur 2 pieds de largeur.

133. Paysage avec figures ; sur toile. 1 pied 8 p. de hauteur, sur 2 pieds 2 p. de largeur.

134. Un Chasseur, des chiens et du gibier ; école flamande, sur toile. 10 pouces 6 l. de h^r., sur 1 pied 3 p. de larg.

135. Des Bacchantes et des Satyres ; école flamande, sur bois. 10 pouces de hauteur, sur 1 pied 3 p. 6 l. de largeur.

136. L'Ange délivrant St. Pierre ; école italienne, sur bois. 1 pied 1 p. de hauteur, sur 10 pouces 6 l. de largeur.

137. Des Cavaliers buvant à l'entrée d'une tente ; école hollandaise, sur toile. 1 pied 1 p. 6 l. de hauteur, sur 1 pied 2 p. de largeur.

138. Une Marine, sur le rivage se trouvent des figures ; école

italienne, sur toile. 1 pied 4 p. de hauteur, sur 1 pied
10 p. 6 l. de largeur.

139. Troupe de Chanteurs passant sur un pont; école flamande, sur bois. 1 pied 4 p. de hauteur , sur 1 pied
10 p. de largeur.

140. Chasse au sanglier à l'entrée d'une forêt; école flamande,
sur toile. 1 pied 7 p. 6 l. de h., sur 2 pieds 5 p. de larg.

141. Paysage avec figures et une grande fabrique; école italienne , sur toile. 2 pieds 2 p. 6 l. de hauteur, sur 2
pieds 9 p. de largeur.

142. Job sur le fumier; sur toile. 3 pieds 11 p. de hauteur,
sur 3 pieds de largeur.

143. Portrait d'Homme tenant un papier, vu à mi-corps,
grandeur naturelle; attribué à Drolinck, sur toile. 2
pieds 8 p. 6 l. de hauteur, sur 2 pieds 2 p. 6 l. de larg.

144. Réunion de Paysans buvant et fumant dans un intérieur;
école flamande, sur toile. 2 pieds 1 p. de hauteur,
sur 2 pieds 7 p. de largeur.

145. Ruines d'Architecture, fond de paysage orné de figures;
école italienne , sur toile. 2 pieds de hauteur, sur 2
pieds 6 p. de largeur.

146. Exécution de proscrits de la République romaine; la
scène se passe de nuit; école italienne, sur toile. 2
pieds 7 pouc. de hauteur, sur 3 pieds 3 p. de largeur.

147. Vieille Femme cherchant à séduire un jeune homme;
école italienne, sur toile. 2 pieds 10 p. de hauteur,
sur 2 pieds 5 p. de largeur.

148. Portrait d'un Peintre, figure vue à mi-corps, grandeur
naturelle; par Jean Drin, sur toile. 2 pieds 10 p. de
hauteur, sur 1 pied 11 p. de largeur.

149. Vieillard lisant, figure vue à mi-corps, grandeur naturelle; dans la manière de Rembrandt; sur toile. 2
pieds 11 p. de hauteur, sur 2 pieds 5 p. de largeur.

150. Hérodiade tenant la tête de St.-Jean-Baptiste; école flamande, sur bois. 3 pieds 1 p. de hauteur, sur 2
pieds 3 p. de largeur.

151. Deux Tableaux faisant pendans, l'un représentant des
gens à table, l'autre des gens faisant de la musique;
école flamande, sur toile. 1 pied 6 p. de hauteur, sur
1 pied 11 p. de largeur.

152. Un Cordonnier dans sa boutique, entouré de sa famille;
école flamande, sur toile. 1 pied 4 p. 6 l. de hauteur,
sur 1 pied 8 p. 6 l. de largeur.

153. Une Femme faisant la cuisine; école hollandaise, sur
toile. 1 pied 10 p. de hauteur, sur 1 pied 6 p. de larg,

154. Une Femme donnant de la bouillie à son enfant ; école hollandaise, sur toile. 1 pied 10 p. de hauteur, sur 2 pieds 2 p. 6 l. de largeur.

155. Esther devant Assuérus ; école flamande, sur toile. 2 pieds 3 p. de hauteur, sur 2 pieds 9 p. 6 l. de larg.

156. Portrait de Peintre tenant un porte-feuille, figure vue à mi-corps, grandeur naturelle ; école flamande, sur toile. 2 pieds 5 p. de hauteur, sur 2 pieds de larg.

157. Un Pâtre gardant des animaux, fond de paysage, sur toile. 2 pieds 2 p. de hauteur, sur 3 pieds de largeur.

158. Un Clair de lune ; on y voit le jeune Tobie accompagné de l'ange ; par Snellinck, sur bois. 10 p. 6 l. de h^r., sur 1 pied 1 p. de largeur.

159. Groupe d'animaux avec fond de paysage ; école hollandaise, sur bois. 10 pouces 3 l. de hauteur, sur 1 pouce 2 l. de largeur.

160. Deux Tableaux faisant pendans, l'un représente un Homme tenant sa pipe, l'autre une femme donnant le sein à son enfant ; école hollandaise, sur bois. 10 pouces de hauteur, sur 8 pouces 3 l. de largeur.

161. Tentation de St. Antoine ; dans le goût de Teniers, sur toile. 10 pouces de hauteur, sur 1 pied 2 p. de larg.

162. Une Cascade coulant sous des rochers ; par Robert, sur bois, forme ronde. diamètre 10 pouces 6 l.

163. Marine ; dans le goût de Vandevelde, sur toile. 1 pied 6 pouces de hauteur, sur 1 pied 11 p. de largeur.

164. Moïse sauvé des eaux ; école flamande, sur bois. 1 pied 6 pouces de hauteur, sur 2 pieds de largeur.

165. Portrait d'un Maréchal de France ; école flamande, sur toile. 9 pouces de hauteur, sur 7 pouces 6 l. de larg.

166. Des Paysans buvant et fumant ; école flamande, sur bois. 8 pouces 6 l. de haut^r. sur 11 pouces 6 l. de larg.

167. Un Peintre qui veut s'assurer de la fidélité de sa femme ; école hollandaise, sur bois. 10 pouces 6 l. de hauteur, sur 8 pouces 6 l. de largeur.

168. Paysage par Fria ; sur bois. 10 pouces 9 l. de hauteur, sur 1 pied 3 p. de largeur.

169. Groupe d'animaux avec fond de paysage ; école hollandaise, sur bois. 11 pouces 3 l. de hauteur, sur 9 pouces 6 l. de largeur.

170. Deux Tableaux faisant pendans, l'un paysage avec figures, effet de jour ; l'autre, paysage avec figures, clair de lune ; école flamande, sur bois. 10 pouces de hauteur, sur 1 pied 1 p. de largeur.

171. Un Hermite en prière ; école flamande, sur bois. 1 pied 1 p. de hauteur, sur 10 pouces de largeur.

172. La Fuite en Egypte, effet de nuit; dans le goût italien, sur bois. 11 pouces de h^r., sur 7 pouces 9 l. de larg.

173. Une Femme éclairée d'une chandelle; dans la manière de Schalken, sur bois. 10 pouces de h^r., sur 7 de larg^r.

174. Une Femme à une croisée tenant une grappe de raisins; école hollandaise, sur toile. 1 pied 2 p. 6 l. de h^r., sur 11 pouces 3 l. de largeur.

175. Paysage avec figures; par Poelenburg, sur bois. 9 pouces 6 l. de hauteur, sur 1 pied 3 l. de largeur.

176. Fruits et coquillages; école flamande, sur toile. 11 pouces 9 l. de hauteur, sur 1 pied 2 p. 6 l. de largeur.

177. Un Guerrier à cheval, avec fond représentant une bataille; école flamande, sur toile. 2 pieds 8 p. de h^r., sur 2 pieds 1 pouce de largeur.

178. Des Fumeurs; école flamande, sur bois. 8 pouces 6 l. de hauteur, sur 11 pouces 6 l. de largeur.

179. Paysage avec figures; par Vangoeyen, sur bois. 9 pouces de hauteur, sur 1 pied 1 p. de largeur.

180. Les Bords de la mer, en Hollande; par Vangoeyen, sur bois. 1 pied 6 p. de h^r., sur 1 pied 5 p. 6 l. de larg.

181. Paysage avec figures et animaux; par Dictricy, sur toile. 1 pied 2 p. de hauteur, sur 1 pied 6 p. de largeur.

182. Deux Paysages avec figures, faisant pendans; école hollandaise, sur cuivre. 8 pouces 6 l. de hauteur, sur 10 pouces de largeur.

183. Diane sortant du bain et servie par ses Nymphes, par Poelenburg, sur toile. 1 pied de hauteur, sur 1 pied 3 pouces de largeur.

184. Paysage avec figures, dans le genre héroïque; école italienne, sur bois. 10 pouces 6 l. de hauteur, sur 1 pied 2 p. 6 l. de largeur.

185. La Fuite en Egypte; école italienne, sur bois. 1 pied de hauteur, sur 1 pied 2 p. 6 l. de largeur.

186. Paysage avec figures et animaux; par Teniers, sur toile. 11 pouces de hauteur, sur 1 pied 3 p. de larg.

187. Des Pêcheurs sur le rivage de la mer; école hollandaise, sur bois. 1 pied de haut^r., sur 1 pied 3 p. 6 l. de larg.

188. L'Entrée d'un Château, avec figures; école hollandaise, sur toile. 1 pied 3 p. de h^r., sur 1 pied 7 p. de larg.

189. Paysage avec figures, dans la manière de Guaspre Poussin, sur toile. 1 pied de h^r., sur 1 pied 6 p. 6 l. de larg^r

190. Vieillard tenant un livre; école hollandaise, peint sur étain. 6 pouces 3 l. de haut^r., sur 5 pouces de larg.

191. Paysage avec figures et animaux, dans le goût de Berghem, sur bois. 9 pouces 6 l. de h. sur 1 pied de larg.

192. Un Homme tenant un pot et faisant des propositions à une femme ; école flamande, sur bois. 8 pouces de hauteur, sur 6 pouces 9 l. de largeur.

193. Paysage avec figures ; par Abraham Bloemaert, sur bois. 9 pouces 3 l. de hauteur, sur 1 pied 1 p. 6 l. de largeur.

194. Joseph accusé par la femme de Putiphar ; école italienne, sur toile. 2 pieds 10 pouces de hauteur, sur 3 pieds 10 l. de largeur.

195. Une Bacchanale, attribuée à Nicolas Poussin, sur toile. 3 pieds 2 p. de hauteur, sur 3 pieds 8 p. 6 l. de larg.

196. Un Berger apportant un panier de fleurs auprès d'une Bergère endormie ; dans le goût de Lancret, sur cuivre. 1 pied 6 l. de hauteur, sur 1 pied 4 p. de largeur.

197. Réunion de paysans buvant et fumant ; école flamande, sur toile. 1 pied 7 p. de hr., sur 2 pieds 1 p. 6 l. de larg.

198. Baptême de Notre-Seigneur ; école italienne, sur bois. 10 pouces 6 l. de hauteur, sur 7 pouces de largeur.

199. Un Singe faisant la barbe à son camarade ; école flamande, sur bois. 8 pouces de hauteur, sur 10 de larg.

200. Une Nymphe couchée sur un lit ; près d'elle sont deux Génies ; par Vanderwerf, sur cuivre. 8 pouces 6 l. de hauteur, sur 10 pouces 3 l. de largeur.

201. Des Paysans dans un intérieur éclairé par une lanterne ; école hollandaise, sur bois. 9 pouces de hauteur, sur 8 de largeur.

202. Tête flamande ; par David Teniers, sur bois, forme ronde. diamètre 8 pouces 6 l.

203. Deux Tableaux faisant pendans, l'un représentant un chien et différens oiseaux morts, fond de paysage ; l'autre, deux chiens se battant près de plusieurs gibiers morts ; dans la manière de Grif, sur bois. 7 pouces 6 l. de hauteur, sur 10 pouces 6 l. de larg.

204. Paysage avec figures ; par Bruandet, sur bois. 9 pouces de hauteur, sur 1 pied de largeur.

205. Deux Tableaux faisant pendans, l'un portrait d'homme entouré de fleurs, l'autre portrait de femme entouré de même ; école flamande, sur bois. 1 pied 1 p. 6 l. de hauteur, sur 9 pouces 6 l. de largeur.

206. Un Ange présentant des fleurs à l'Enfant Jésus ; école flamande, sur cuivre. 10 pouces 6 l. de hauteur, sur 8 pouces 6 l. de largeur.

207. Paysage avec figures ; par Teniers, sur bois. 9 pouces de hauteur, sur 1 pied de largeur.

208. Différens Fruits posés sur une tablette ; par Dehem, sur bois. 9 pouces 6 l. de hr., sur 1 pied 1 p. de larg.

209. Paysage avec figures et animaux; dans le goût de Dictricy, sur bois. 10 pouces de hauteur, sur 8 de larg.
210. Un Guerrier tenant une jeune femme, un Amour le dé-
sarmant, sujet allégorique; par Rubens, sur cuivre.
1 pied 6 p. de hauteur, sur 10 pouces 3 l. de largeur.
211. Paysage avec figures et animaux, sur bois. 4 pouces 6 l.
de hauteur, sur 7 pouces 6 l. de largeur.
212. Des Cavaliers se rafraîchissant à l'entrée d'une tente;
école hollandaise, sur bois. 10 pouces de hauteur,
sur 8 de largeur.
213. Une Négresse mangeant des cerises; école hollandaise,
sur bois, forme ronde. diamètre 9 pouces.
214. Un Docteur occupé à lire, assis près d'une table; école
hollandaise, sur toile. 1 pied 2 p. 6 l. de hauteur,
sur 10 pouces 6 l. de largeur.
215. Portrait de Pierre-le-Grand, Empereur de toutes les
Russies; école flamande, peint sur argent, forme
ovale. 3 pouces 3 l. de h^r., sur 2 pouces 9 l. de larg.
216. La Vierge, l'Enfant Jésus et le petit St. Jean; sur cuivre. 5 pouces 6 l. de haut^r., sur 4 pouces 6 l. de larg.
217. Un Saint tenant la palme du martyre; sur cuivre. 8 pouces de hauteur, sur 4 pouces 9 l. de largeur.
218. Deux Tableaux faisant pendans, l'un représentant des
figures et des animaux, avec fond de paysage, l'autre
un cavalier demandant sa route; sur bois. 5 pouces
de hauteur, sur 8 de largeur.
219. Une Grotte avec figures et animaux; dans le goût de
Breenberg, sur bois. 9 pouces de h^r., sur 7 de larg.
220. Paysage avec figures; sur bois. 4 pouces de hauteur,
sur 5 pouces 9 l. de largeur.
221. Un Bivouac; école flamande, sur bois. 5 pouces 3 l. de
hauteur, sur 6 pouces 6 l. de largeur.
222. Tête de Femme priant; école italienne, sur toile. 1 pied
5 p. de hauteur, sur 1 pied 1 p. de largeur.
223. Une attaque de Voleurs; par Ph. Wouwermans, sur
toile. 1 pied 1 p. de hauteur, sur 1 pied 7 p. de larg.
224. Un Peintre à son atelier; par Pallengk, sur toile. 1 pied
7 p. de hauteur, sur 1 pied 4 p. de largeur.
225. Paysage par Brenghel de Velours, sur bois. 10 pouces
3 l. de hauteur, sur 7 pouces de largeur.
226. Une Volaille, des légumes et divers ustensiles; par
Kalf, sur bois. 10 pouces 6 l. de hauteur, sur 1 pied
1 pouce 6 l. de largeur.
227. Des Paysans jouant et fumant; par Teniers, sur bois.
1 pied 3 l. de hauteur, sur 1 pied 4 p. de largeur.

228. Une **Nature morte**; école hollandaise, sur bois. 1 pied
    3 p. de hauteur, sur 2 pieds de largeur.
229. Paysage avec figures et animaux; école flamande, sur
    bois. 1 pied 5 p. de haut^r., sur 1 pied 11 p. de larg.
230. Du Gibier mort et des légumes; école flamande, sur
    toile. 1 pied 8 p. de hauteur, sur 1 pied 4 p. de larg.
231. Une Bataille; école italienne, sur toile. 1 pied 6 p. de
    hauteur, sur 2 pieds 3 p. de largeur.
232. Des Cavaliers près d'une tente; école hollandaise, sur
    toile. 1 pied 11 p. de hauteur, sur 1 pied 5 p. de larg.
233. Ruines d'Architecture, avec figures; dans le genre ita-
    lien, sur toile. 1 pied 6 p. de hauteur, sur 1 pied 11
    p. de largeur.
234. Paysage avec figures; école flamande, sur bois. 1 pied
    9 l. de hauteur, sur 1 pied 6 p. de largeur.
235. Daniel dans la fosse aux lions; école flamande, sur bois.
    1 pied 7 p. de hauteur, sur 2 pieds 3 pouces de l^r.
236. Paysage avec figures; école flamande, sur bois. 1 pied
    1 p. 6 l. de hauteur, sur 1 pied 3 p. 6 l. de largeur.
237. Un Buveur causant avec une femme; école flamande,
    sur bois. 8 pouces de hauteur, sur 6 de largeur.
238. Un Homme tenant un coq; école hollandaise, sur bois.
    10 pouces de hauteur, sur 8 pouces 6 l. de largeur.
239. Un Cavalier pansant un homme blessé, fond de paysage;
    par Paul Bril, sur bois. 8 pouces 6 l. de hauteur,
    sur 1 pied 6 l. de largeur.
240. L'Inérieur d'une Grotte, avec figures; par Teniers, sur
    bois. 1 pied 1 p. de hauteur, sur 1 pied 8 p. de larg.
241. Des Paysans fumant, chantant et jouant du violon;
    école flamande, sur toile. 9 pouces 6 l. de hauteur,
    sur 1 pied de largeur.
242. Un St. Jérôme; école italienne, sur bois. 1 pied 9 l. de
    hauteur, sur 9 pouces de largeur.
243. Un Hermite en prière; sur cuivre. 8 pouces 3 l. de hau-
    teur, sur 5 pouces 6 l. de largeur.
244. Une Marine; école hollandaise, sur bois. 7 pouces 3 l.
    de hauteur, sur 11 pouces 6 l. de largeur.
245. Paysage, clair de lune; les figures représentent Céphale
    et Procris; école hollandaise, sur bois. 5 pouces 6 l.
    de hauteur, sur 7 pouces 6 l. de largeur.
246. La Vierge et l'Enfant Jésus, entourés d'Anges qui sou-
    tiennent des guirlandes de fleurs; école flamande, sur
    bois. 1 pied 10 p. de hauteur, sur 2 pieds 3 p. de larg.
247. Le Martyre de St. Etienne; dans le goût italien, sur
    toile. 1 pied 4 p. de hauteur, sur 1 pied de larg.

248. Deux Tableaux faisant pendans, représentant des inté-
rieurs; école hollandaise, sur toile. 1 pied 3 p. de
hauteur, sur 1 pied 6 p. de largeur.

249. Des Voyageurs buvant tandis que leurs chevaux se
reposent; école hollandaise, sur toile. 2 piéds de
hauteur, sur 2 pieds 8 p. de largeur.

250. Un St. Paul, fond de paysage; dans le goût italien, sur
toile. 1 pied 10 p. de haut¹., sur 1 pied 5 p. de larg.

251. Un Cavalier causant avec un groupe de personnes qui
sont sous une tente; dans la manière de Wouwermans, sur toile. 1 pied 8 p. de hauteur, sur 1 pied 3
p. 6 l. de largeur.

252. Un Bucheron causant avec un buveur; par David Ryckaert, sur bois. 1 pied 1 p. 6 l. de hauteur, sur 10
pouces 9 l. de largeur.

253. Des Paysans buvant dans un intérieur; école hollandaise, sur toile. 11 pouces 6 l. de hauteur, sur 1 pied
2 p. 6 l. de largeur.

254. Paysage avec figures; par Paul Bril, sur bois. 10 pouces de hauteur, sur 1 pied 4 p. de largeur.

255. Paysage avec figures; par Michaud, sur bois. 1 pied
3 p. de hauteur, sur 1 pied 7 p. 6 l. de largeur.

256. Deux Tableaux faisant pendans, représentant des paysages avec figures; par Bruandet, sur bois. 1 pied de
hauteur, sur 1 pied 3 p. de largeur.

257. Deux Paysages faisant pendans; école française. 9 pouces de hauteur, sur 11 pouces 6 l. de largeur.

258. Paysage avec figures; dans la manière de Pàtel, sur toile.
1 pied de hauteur, sur 1 pied 7 p. de largeur.

259. L'Adoration des Bergers; école italienne, sur bois. 1 pied
de hauteur, sur 9 pouces 6 l. de largeur.

260. Des Cavaliers faisant reposer leurs chevaux près d'un
pont; école hollandaise, sur toile. 1 pied 3 p. de
hauteur, sur 1 pied 6 p. de largeur.

261. Les Œufs cassés; école hollandaise, sur bois. 1 pied
1 pouce de hauteur, sur 10 pouces de largeur.

262. Une Nativité; dans le goût italien, sur cuivre. 1 pied
de hauteur, sur 8 pouces 3 l. de largeur.

263. Paysage avec figures et animaux; école hollandaise, sur
toile. 1 pied 6 p. de hauteur, sur 1 pied 3 p. de larg.

264. Des Fleurs dans un bocal; école hollandaise, sur bois.
1 pied 3 p. de hauteur, sur 1 pied de larg.

265. Deux Tableaux faisant pendans, l'un représentant des
hommes pinçant de la guitare, l'autre une femme à
sa toilette; école hollandaise, sur bois. 10 pouces de
hauteur, sur 8 pouces 6 l. de largeur.   C

266. Paysage, vue d'un Pont ; école française, sur bois, 6
pouces de hauteur, sur 8 de largeur.
267. Une Marine où l'on voit l'incendie d'un Château ; signée
P. S. F. sur bois. 1 pied 3 p. 6 l. de hauteur, sur
2 pieds 1 p. 6 l. de largeur.
268. Un Vase de Fleurs ; par Dewitte , sur toile. 1 pied 8 p.
de hauteur, sur 1 pied 5 p. de largeur.
269. Paysage par Vangoeyen ; sur bois. 1 pied 5 p. de h^r.,
sur 2 pieds de largeur.
270. L'Adoration des Mages ; sur cuivre. 8 pouces de hau-
sur 6 de largeur.
271. Une Table couverte d'un tapis de Turquie, avec différens vases ; école hollandaise, sur toile. 2 pieds 2 p.
de hauteur. sur 3 pieds 2 p. de largeur.
272. Bataille par Vandermeulen ; sur toile. 1 pied 8 p. de
hauteur, sur 2 pieds de largeur.
273. Portrait d'une petite fille, figure en pied, grandeur naturelle ; école flamande, sur toile, forme ovale. 2 pieds
4 p. de hauteur, sur 1 pied 9 p. de largeur.
274. Paysage où l'on voit des paysans chargeant des gerbes ;
dans la manière de Wouwermans, sur toile. 1 pied
9 p. de hauteur, sur 2 pieds 6 p. de largeur.
275. Paysage avec ruines et animaux ; école hollandaise , sur
toile. 2 pieds 4 p. de hauteur, sur 1 pied 10 p. de larg.
276. Réunion de Singes, les uns jouent aux cartes, les autres
fument, et d'autres font la cuisine ; signé DT., sur
toile. 1 pied 8 p. 6 l. de haut^r., sur 2 pieds 7 p. de larg.
277. Des Paysans buvant et fumant dans un intérieur ; école
flamande ; sur bois. 1 pied 6 p. de hauteur, sur 2
pieds 1 p. 6 l. de largeur.
278. Marine , par Ant. Blanckof, sur bois. 1 pied 7 p. de
hauteur, sur 2 pieds 2 p. 6 l. de largeur.
279. Des Raisins et des pêches dans un plat de porcelaine ;
sur bois. 11 pouces de h^r., sur 1 pied 3 p. de larg.
280. Paysage avec figures et animaux ; dans le goût italien,
sur toile. 1 pied 7 p. de h^r., sur 1 pied 2 p. de larg.
281. Une Sainte Famille ; école italienne, sur bois. 1 pied
8 p. de hauteur, sur 1 pied 3 p. de largeur.
282. Fleurs., vase et coquillage ; école hollandaise, sur bois.
1 pied 6 p. de hauteur, sur 1 pied 2 p. de largeur.
283. Une Tabagie ; école flamande, sur toile. 1 pied 3 p. de
hauteur , sur 1 pied 7 p. de largeur.
284. Une Table sur laquelle se trouve un jambon ; école hollandaise, sur bois. 1 pied 4 p. de hauteur, sur 1 pied
10 p. de largeur.

285. Une Bataille; signée L.-D. Rondt, sur toile. 1 pied 3 p.
de hauteur, sur 1 pied 9 p. 6 l. de largeur.

286. Des Paysans jouant et buvant; présumé de M. Reghe-
morter, sur toile. 1 pied 8 p. 6 l. de hauteur, sur
2 pieds 2 p. de largeur.

287. Paysage avec animaux; dans le goût de Delaar, sur toile.
1 pied 4 p. 6 l. de hauteur, sur 1 pied 8 p. de largeur.

288. Une Marine; par Blanckof, sur bois. 1 pied 4 p. 6 l.
de hauteur, sur 1 pied 10 p. de largeur.

289. Vénus et Adonis; école italienne, sur toile. 1 pied 7 p.
de hauteur, sur 1 pied 4 p. de largeur.

290. Une Écorcheuse d'anguilles; école hollandaise, sur toile.
1 pied 2 p. de hauteur, sur 1 pied 6 p. de largeur.

291. Un Christ couronné d'épines; école italienne, sur toile.
1 pied 8 p. de hauteur, sur 1 pied 4 p. 6 l. de larg.

292. Un Ange conversant avec Loth; école italienne, sur toile.
1 pied 9 p. de hauteur, sur 1 pied 5 p. de larg.

293. Un Groupe de gibier mort; école flamande, sur toile.
1 pied 3 p. 6 l. de haut^r., sur 1 pied 9 p. 6 l. de larg.

294. Paysage; école flamande, sur bois. 1 pied 1 p. de
hauteur, sur 1 pied 5 p. de largeur.

295. Paysage avec figures; sur toile. 1 pied 2 p. de hauteur,
sur 1 pied 7 p. de largeur.

296. Paysage avec figures et animaux; école flamande, sur
toile. 1 pied 7 p. de h^r., sur 1 pied 2 p. 6 l. de larg.

297. Des Paysans se battant dans un cabaret; école holland.,
sur bois. 1 pied 5 p. de h^r., sur 1 pied 1 p. de larg.

298. Ruines d'Architecture; dans le goût italien, sur toile.
1 pied 8 p. de hauteur, sur 1 pied 4 p. 6 l. de larg.

299. Des Fleurs dans un bocal; signé J.-L. Maes, sur toile.
1 pied 10 p. de hauteur, sur 1 pied 6 p. de larg.

300. Jésus-Christ faisant la Cène; sur cuivre. 10 pouces de
hauteur, sur 8 de largeur.

301. Une Marine; par Storck, sur bois. 9 pouces de haut^r.,
sur 11 pouces 6 l. de largeur.

302. Deux Paysages faisant pendans; par Bath, sur bois.
2 pieds 4 p. de hauteur, sur 2 pieds de largeur.

303. Un Maréchal-ferrant; dans la manière de Vanblocme,
sur toile. 2 pieds 6 l. de haut^r., sur 2 pieds 7 p.
de largeur.

304. Une Conversation, fond de paysage; par Laucret, sur
toile. 1 pied 9 p. de h^r., sur 2 pieds 6 p. de larg.

305. Une Tabagie; école flamande, sur toile. 2 pieds 6 l.
de hauteur, sur 2 pieds 7 p. de largeur.

306. Paysage avec divers animaux; par Bruggel de Velours,

sur bois. 1 pied 10 p. 6 l. de hauteur, sur 1 pied
5 p. 6 l. de largeur.

307. Paysage, effet de soleil couchant; par Bégaer, sur bois.
1 pied 8 p. de hauteur, sur 2 pieds 6 p. de largeur.

308. Marine par un gros temps; école hollandaise, sur toile.
1 pied 8 p. de hr., sur 2 pieds 11 p. de larg.

309. Une Madeleine; sur toile. 1 pied 8 p. de hauteur, sur
2 pieds 2 p. de larg.

310. Des Buveurs près d'une table; école flamande, sur bois.
1 pied 7 p. de hauteur, sur 2 pieds 3 p. 6 l. de larg.

311. Une Madeleine, figure en pied; signé R. G., sur toile.
1 pied 6 p. de hauteur, sur 1 pied 10 p. 6 l. de larg.

312. Une Sainte en prière; près d'elle des Anges jouent avec
des moutons; école italienne, sur toile. 2 pieds 6 p.
de hauteur, sur 2 pieds 1 p. de largeur.

313. Une Sainte Famille; dans la manière de Chs. Lebrun,
sur toile. 1 pied 11 p. 6 l. de hr., sur 1 pied 7 p. de larg.

314. Une Magicienne pénétrant dans les Enfers; par David
Teniers, sur bois. 1 pied 7 p. de hauteur, sur 2
pieds 1 p. de largeur.

315. Une Esquisse de Marine; attribuée à West, sur bois.
1 pied 6 p. de hauteur, sur 1 pied 11 p. de largeur.

316. Une Femme alaitant un enfant; près d'elle sont deux
autres enfans, fond de paysage; par Lalbane, sur toile.
2 pieds de hauteur, sur 2 pieds 6 pouces de largeur.

317. St. Pierre guérissant un malade; école italienne, sur
toile. 3 pieds de hauteur, sur 1 pied 11 p. de larg.

318. Une Nature morte, école hollandaise, sur bois. 1 pied
2 p. 6 l. de hauteur, sur 1 pied 10 p. de largeur.

319. Paysage avec figures; par Bruggel de Velours, sur bois.
1 pied 11 p. 6 l. de hautr., sur 2 pieds 8 p. 6 l. de larg.

320. Un Guerrier tenant sa lance; école italienne, sur toile.
2 pieds 1 p. de hauteur, sur 1 pied 7 p. de largeur.

321. Paysage avec figures; école française, sur bois. 7 pouces
de hauteur, sur 9 de largeur.

322. Une Tête d'Homme coiffé d'une toque; dans la manière de Rembrandt, sur bois. 7 pouces de hauteur,
sur 5 de largeur.

323. Une Tête de vieillard; dans la manière de Rembrandt,
sur bois. 7 pouces de hauteur, sur 5 de largeur.

324. Tête d'un jeune homme riant; école flamande, sur bois.
8 pouces 6 l. de hauteur, sur 6 pouces 6 l. de larg.

325. Des Paysans mangeant des moules; par Teniers le vieux,
sur bois. 9 pouces de hautr., sur 6 de largeur.

326. L'Adoration des Mages; dans le goût italien, sur cuivre.
11 pouces 3 l. de hauteur, sur 8 pouces 6 l. de larg.

327. Paysage avec figures et animaux; dans le goût italien,
    sur toile. 1 pied 1 p. de hauteur, sur 10 pouces
    de largeur.
328. Paysage dans la manière de Lantara, sur bois. 8 pouces
    6 l. de hauteur, sur 11 pouces de largeur.
329. Une Femme comptant de l'argent et éclairée par une
    chandelle; école hollandaise, sur bois. 7 pouces de
    hauteur, sur 5 pouces 6 l. de largeur.
330. Deux Pélerins près d'une habitation; école flamande,
    sur bois. 8 pouces de hauteur, sur 7 po. 6 l. de larg.
331. Groupe de Paysans buvant; par Teniers le vieux, sur
    bois. 8 pouces 6 l. de haut., sur 6 pouces de largeur.
332. Paysage, école française, sur bois. 6 pouces de haut^r.,
    sur 7 pouces 6 l. de largeur.
333. Paysage, école française, sur bois. 7 pouces de haut^r.,
    sur 9 de largeur.
334. Paysage, école flamande, sur cuivre. 6 pouces de hau-
    teur, sur 8 de largeur.
335. Groupe d'animaux, fond de paysage; école hollandaise,
    sur toile. 1 pied 1 p. de h^r., sur 1 pied 4 p. 6 l. de larg.
336. St. Jean prêchant dans le désert; dans la manière de
    Lalbane, peint sur cuivre, forme ovale. 1 pied de
    hauteur, sur 1 pied 3 p. de largeur.
337. Des Cavaliers près d'une habitation; école hollandaise,
    sur bois. 1 pied 2 p. 6 l. de hauteur, sur 11 pouces
    de largeur.
338. Paysage avec figures; école flamande, sur bois. 10 po.
    de hauteur, sur 1 pied de largeur.
339. Paysage, école flamande, sur toile. 1 pied 4 p. de h^r.,
    sur 1 pied 8 p. de largeur.
340. Paysage, école hollandaise, sur bois. 10 pouces de h^r.,
    sur 1 pied 6 l. de largeur.
341. Paysage avec des ruines; école française, sur bois. 10
    pouces de hauteur, sur 1 pied de largeur.
342. Deux Oiseaux se battant, fond de paysage; école hollan-
    daise, sur bois. 1 pied 6 pouces 6 lig. de haut^r., sur
    1 pied 1 p. 6 l. de largeur.
343. Vulcain forgeant des armes; dans le goût italien, sur
    toile. 2 pieds de hauteur, sur 1 pied 8 p. de largeur.
344. Une Sainte Famille, plusieurs personnes offrent des fruits
    à l'enfant Jésus; école flamande, sur toile. 2 pieds 3
    pouces de hauteur, sur 1 pied 10 pouces de largeur.
345. Paysage avec figures et animaux; par Vangoeyen, sur bois.
    1 pied 6 p. de hauteur, sur 2 pieds 2 p. 6 l. de largeur.
346. Hercule filant aux pieds d'Omphale; école italienne, sur
    toile. 1 pied 6 p. de haut^r., sur 1 pied 10 p. 6 l. de larg.

347. Un Jeune Chasseur retenu par une Nymphe; dans le goût italien, sur toile. 1 pied 8 p. 6 l. de h^r., sur 1 pied 6 p. 6 l. de largeur.

348. Des Chasseurs se reposant dans une hôtellerie; école hollandaise, sur toile. 2 pieds de hauteur, sur 2 pieds 6 pouces de largeur.

349. Tableau de Fleurs; école flamande, sur toile. 2 pieds 5 pouces de hauteur, sur 1 pied 11 pouces de largeur.

350. Enlèvement d'une Nymphe; dans le goût italien, sur toile. 2 pieds 4 pouces de hauteur, sur 1 pied 10 p. de larg^r.

351. Paysage avec figures; par Goubant, sur toile. 1 pied 9 p. de hauteur, sur 2 pieds 5 p. de largeur.

352. Paysage représentant l'hiver; sur toile. 2 pieds de hauteur, sur 2 pieds 8 p. de largeur.

353. Portrait d'une jeune personne tenant des fleurs; sur toile. 2 pieds 8 p. de hauteur, sur 2 pieds 1 p. de larg^r.

354. Une Nature morte; école flamande, sur bois. 1 pied 5 p. de hauteur, sur 1 pied 3 p. de largeur.

355. Une Madeleine; école italienne, sur toile. 2 pieds de hauteur, sur 1 pied 9 p. de largeur.

356. L'Enfant Jésus tenant une croix; dans le goût italien, sur toile. 2 pieds 11 p. de h^r., sur 2 pieds de larg.

357. Paysage avec figures; école flamande, sur bois. 1 pied 5 p. de hauteur, sur 1 pied 10 p. de larg.

358. Un Évêque recevant la mitre; par Lesueur, sur toile. 1 pied 3 p. de hauteur, sur 1 pied de largeur.

359. Une Sainte Famille; dans le goût italien, sur toile. 1 pied 7 p. de hauteur, sur 1 pied 10 p. 6 l. de larg.

360. Une Bataille; école flamande, sur toile. 1 pied 3 p. de hauteur, sur 2 pieds 1 p. de largeur.

361. Un Chevreuil pendu à un croc; école flamande, sur bois. 2 pieds de hauteur, sur 1 pied 6 p. de largeur.

362. Des Militaires buvant; par Watteau fils, sur bois. 1 pied 6 p. de hauteur, sur 1 pied 11 p. de largeur.

363. Cinq Tableaux faisant suite, représentant divers Sacrem^s. Ces tableaux paraissent être des imitations assez exactes de ceux que Le Poussin peignit d'une plus grande dimension. Sur bois. 10 pouces de hauteur, sur 1 pied 1 p. de largeur.

364. Tête d'Homme avec une barbe et coiffé d'une toque rouge; école hollandaise, sur toile. 8 pouces 6 l. de hauteur, sur 6 pouces de largeur.

365. Une Nature morte; école hollandaise, sur bois. 1 pied 2 p. 6 l. de hauteur, sur 1 pied 8 p. 6 l. de largeur.

366. Paysage avec figures; par Vangoeyen, sur bois. 1 pied de hauteur, sur 1 pied 3 p. de largeur.

367. Pigmalion amoureux de sa statue; dans le goût italien, sur toile, forme ronde. diamètre 1 pied 8 p.
368. Paysage, école française, sur bois. 5 pouces 6 l. de hauteur, sur 7 pouces 6 l. de largeur.
369. Un St. François; dans le goût italien, sur toile. 2 pieds 1 p. de hauteur, sur 1 pied 6 p. de largeur.
370. Enlèvement d'une Nymphe; école française, sur toile. 11 pouces 6 l. de hauteur, sur 1 pied 2 p. 6 l. de larg.
371. Une Bataille; sur toile. 3 pieds 5 p. de hauteur, sur 5 pieds de largeur.
372. Tableau de fleurs et de fruits; sur toile. 1 pied 10 p. de hauteur, sur 1 pied 6 p. de largeur.
373. Le Rivage de la mer, avec figures; dans la manière de Minderand, sur toile. 2 pieds 2 p. de hauteur, sur 3 pieds 9 p. de larg.
374. La Circoncision; école flamande, sur toile. 4 pieds 10 p. de hauteur, sur 3 pieds 9 p. de largeur.
375. Un Homme tenant un flageolet, demi-figure, grandeur naturelle; dans le goût italien, sur toile. 4 pieds de hauteur, sur 3 de largeur.
376. Portrait d'une petite Fille; dans la manière de Pourbus, sur bois. 3 pieds 1 p. de hauteur, sur 2 pieds de larg.
377. La Vierge et l'Enfant Jésus; près d'eux sont des Anges tenant des couronnes de fleurs, fond de paysage; école flamande, sur toile. 1 pied 4 p. de hauteur, sur 2 pieds de largeur.
378. Un Oiseau de proie attaquant une poule; dans la manière d'Hondekoeter, sur toile. 3 pieds 2 p. de hauteur, sur 4 pieds 10 p. de larg.
379. Portrait d'Homme, vu plus qu'à mi-corps, grandeur naturelle; école flamande, sur toile. 4 pieds 1 p. de hauteur, sur 3 pieds 2 p. de larg.
380. Paysage avec des ruines et orné d'un grand nombre de figures; par Vanbreda, sur toile. 3 pieds 10 p. 6 l. de hr., sur 5 pieds 2 p. de larg.
381. Tête de vieille Femme; dans la manière de Rembrandt, sur bois. 4 pouces 3 l. de hr., sur 3 pouces 9 l. de larg.
382. Une Sainte Famille; des Anges offrent des fruits à l'Enfant Jésus; dans le goût italien, sur cuivre. 6 pouces de hauteur, sur 4 pouces 6 l. de largeur.
383. Tête d'Homme avec une barbe; école hollandaise, sur toile. 8 pouces de haut., sur 6 de largeur.
384. Un Coche entouré de brigands; école flamande, sur toile. 3 pieds 6 pouces de hauteur, sur 4 pieds 8 p. de largeur.
385. Elieser et Rebecca; dans le goût italien, sur toile. 3 pieds 6 p. de hauteur, sur 4 pieds 5 p. de largeur.

386. Deux Tableaux faisant pendans, l'un représentant des
Cavaliers faisant ferrer leurs chevaux, l'autre une Cha-
rette à l'entrée d'un camp; école hollandaise, sur toile.
1 pied 11 p. de hauteur, sur 2 pieds 6 p. de largeur.

387. Ste. Marthe près d'une table chargée de différens gibier
et de légumes; école hollandaise, sur toile. 5 pieds
6 p. de hauteur, sur 7 pieds de largeur.

388. La Vierge et l'Enfant Jésus, fond de paysage; dans le goût
italien, peint à gouache. 10 pieds de h^r., sur 1 pied
2 p. 6 l. de larg.

389. Vénus à sa toilette, fond de paysage, forme demi-
circulaire, Gouache. 9 pouces 8 l. de hauteur, sur
1 pied 7 p. de larg.

390. Une Gouache représentant un vieillard avec une barbe
et coiffé d'une toque. 1 pied 7 p. de hauteur, sur 1
pied 1 p. 6 l. de larg.

391. Une id. représentant des Patineurs. 6 pouces de h^r.,
sur 8 pouces 6 l. de larg.

392. Une id. Paysage. 7 pouces de haut^r., sur 8 de larg.

393. Deux id. faisant pendans, l'une représentant un Paysage,
site montagneux, l'autre des Pêcheurs sur le rivage de
la mer, clair de lune. 1 pied 2 p. de hauteur, sur 1
pied 7 p. de largeur.

394. Une id. représentant un paysage avec ruines. 1 pied de
hauteur, sur 1 pied 4 p. 6 l. de largeur.

395. Une id. Paysage avec figures et animaux. 1 pied 2 p.
de hauteur, sur 1 pied 10 p. de largeur.

*Il se vendra encore un grand nombre de Tableaux non
classés au présent Catalogue, parce que le détail en serait
trop long.*

ESTAMPES SOUS VERRE.

Nos.

1. Deux Estampes anglaises faisant pendans, l'une représentant la mort du Juste, l'autre une Apothéose; peint
par Peters, et gravé par Bartolozzi. 2 pieds 3 p. de
h^r., sur 1 pied 7 p. de larg.

2. La Mort d'Hyppolite; dessiné par Vernet, commencé
par Darcis, et terminé par J^n. Godefroy. 2 pieds de
hauteur, sur 2 pieds 10 p. 6 l. de largeur.

3. Portrait d'un Rabin, estampe anglaise, d'après Rembrandt, et gravé par W^m. Pether. 1 pied 8 p. de
hauteur, sur 1 pied 4 p. de largeur.

4. Le Serment des Horaces; gravé par Ant.-Alex. Morel, d'après le tableau original de L⁵. David, exposé dans la galerie du Sénat. 2 pieds de hauteur, sur 2 pieds 4 p. de largeur.

5. La Ratification de la Charte près du Roi Jean, estampe anglaise; peint par Jⁿ. Mortimer, et gravé par Wᵐ. Wynne Ryland. 1 pied 6 p. de hauteur, sur 1 pied 11 p. 6 l. de largeur.

6. Deux Estampes faisant pendans, l'une représentant la Cène; peint par Léonard Devinci, sculpté par Michel Dissard, l'autre la Noce de Cana; peint par Dominique Pellegrini, sculpté par Michel Dissard. 1 pied 7 p. 6 l. de hauteur, sur 2 pieds 5 p. de largeur.

7. La Bataille de Boyne, estampe anglaise; peint par B. West, gravé par Jⁿ. Hall. 1 pied 6 p. de hr., sur 1 pied 11 p. de larg.

8. Neptune dans son char, traîné par des chevaux-marins et entouré de Tritons; peint par N.-B. Lépicié, gravé par J.-C. Levasseur. 1 pied 6 p. de hauteur, sur 1 p. 11 pouces de largeur.

9. Deux Estampes anglaises faisant pendans, l'une représentant une Pénitente, l'autre une Femme se faisant piquer par un serpent; peint par Rhéni, de Rome, et sculpté par Robertus Strange Delmiavit. 1 pied 4 p. de hauteur, sur 1 pied de larg.

10. Les Préparatifs pour le Marché, estampe anglaise; peint par Fˢ. Wheatly, gravé par Richard Earlom. 1 pied 7 p. de hauteur, sur 2 pieds de largeur.

11. Port de mer enrichi d'architectures; peint par Louterbourg et Demachy, gravé par P. Laurent. 1 pied 10 p. de hauteur, sur 2 pieds 1 p. de largeur.

12. L'Enfant Prodigue; peint par Teniers, gravé par Jacq. Lebas. 1 pied 6 p. de hauteur, sur 2 pieds de larg.

13. L'Abreuvoir, estampe anglaise; peint par Rubens, gravé par John Bronne. 1 pied 6 p. de hauteur, sur 1 pied 10 p. de largeur.

14. Agar renvoyée par Abraham; peint par Vandyck, gravé par Porperati. 1 pied 10 p. de hauteur, sur 1 pied 4 p. 6 lignes de largeur.

15. Le Coucher d'une Femme; peint par Jacques Vanloo, gravé par Porperati. 1 pied 8 p. de hauteur, sur 1 pied 3 p. 6 l. de largeur.

16. Un Peintre à son chevalet peignant deux femmes; peint par Leprince, gravé par J. Longueil. 1 pied 7 p. 6 l. de hauteur, sur 1 pied 10 p. de largeur.

D

17. La Partie de plaisir; peint par J. Weenia, gravé par N. Launay. 1 pied 7 p. 6 l. de hauteur, sur 1 pied 10 p. de largeur.

18. Un dessin représentant la Sainte Famille. 2 pieds de hauteur, sur 1 pied 6 pouces 6 lignes de largeur.

19. La Résurrection de Lazare; peint par Pre.-Pl. Rubens, sculpté par Boëtins, à Bolswert. 2 pieds 1 p. de hr., sur 1 pied 7 p. 6 l. de largeur.

20. Deux Estampes faisant pendans, l'une représentant la Conversation Espagnole, l'autre la Lecture Espagnole; peint par Carle Vanloo, gravé par J. Beauvarlet. 1 pied 10 p. de hauteur, sur 1 pied 4 p. de larg.

21. Le Pêcheur, estampe anglaise; peint par Gd. Poussin, dessiné par J. Mason. 1 pied 3 p. de hauteur, sur 1 pied 7 p. de larg.

22. La Mort de Pyrame et Thisbé, estampe anglaise; peint par Bramer, sculpté par P.-C. Canot. 1 pied 5 p. de hauteur, sur 1 pied 8 p. 6 l. de largeur.

23. Deux Estampes faisant pendans, l'une représentant une troupe de Soldats Romains pénétrant dans le Temple de Junon, l'autre les Gaulois se rendant maîtres de Rome; sculpté par Pajou. 1 pied 3 p. de hautr., sur 2 pieds 6 l. de larg.

24. L'Attente du Plaisir; gravé d'après le tableau original d'Annibal Carrache, sculpté par L.-S. Lempereur. 1 pied 5 p. de hauteur, sur 1 pied 9 p. 6 l. de larg.

25. Bélisaire, général des armées romaines; peint par Vandyck, sculpté par Bosse. 1 pied 4 p. de hauteur, sur 1 pied 6 p. de largeur.

26. Le Retour de la Pêche au soleil couchant; peint par Vernet, gravé par J.-J. Avril. 1 pied 5 p. de hauteur, sur 1 pied 9 p. de larg.

27. La Pêche; peint par Vernet, gravé par J.-J. Balechos. 1 pied 6 p. 6 l. de hr., sur 1 pied 9 p. 6 l. de larg.

28. La Prise de Courtrai; peint par Vandermeulen, gravé par J.-J. Avril. 1 pied 8 p. de hauteur, sur 2 pieds 1 pouce de largeur.

29. Allégorie figurant la Guerre et la Paix. 1 pied 7 p. de hauteur, sur 1 pied 11 p. de largeur.

30. Les Nappes d'eau; peint par J.-B. Leprince, gravé par Fs. Godefroy. 1 pied 6 pouces de hauteur, sur 1 pied 11 pouces de largeur.

31. Deux Estampes faisant pendans, l'une représentant l'Elève intéressante, l'autre le Triomphe de Minette; peint par Gérard, sculpté par Vidal. 1 pied 7 p. 6 l. de hauteur, sur 1 pied 3 p. 6 l. de largeur.

32. La Mort de Marc-Antoine; peint par Pompés, Battoni, gravé par J.-G. Wine. 1 pied 4 p. de hauteur, sur 1 pied 8 p. de larg.

33. Le Paralytique servi par ses enfans; peint par Greuze. 1 pied 7 p. de haut^r., sur 2 pieds de largeur.

34. Les Préparatifs pour le Marché, estampe anglaise; peint par F^s. Wheatty, gravé par Richard Earlom. 1 pied 7 p. de hauteur, sur 2 pouces de largeur.

35. Deux Estampes anglaises faisant pendans, l'une représentant le tombeau de l'Empereur Shere-Shah, l'autre celui de l'Empereur Akbar. 1 pied 6 p. de hauteur, sur 2 pieds de largeur.

36. Le Judas; peint par Gérard, gravé par H. Gérard. 1 pied 10 p. de hauteur, sur 1 pied 5 p. de largeur.

37. L'Age d'Or, estampe anglaise; peint par B. West, gravé par J. Boydell. 1 pied 7 p. de hauteur, sur 1 pied 10 p. de largeur.

38. La Chasse Italienne; peint par Ph. Wouwermans, gravé par Lebas. 1 pied 6 p. de hauteur, sur 2 pieds de larg.

39. Marche d'Armée attaquée par un parti ennemi, ce qui forme une bataille. 1 pied 5 p. 6 l. de hauteur, sur 2 pieds 1 p. de largeur.

40. Quatre Estampes faisant suite, représentant divers sujets Tartares; gravé par Helman. 10 pouces 6 l. de hauteur, sur 1 pied 4 p. 6 l. de largeur.

41. Deux Estampes faisant pendans, l'une représentant les Délices Maternels, l'autre les Soins Maternels; peint par P. Alexandre, gravé par Jⁿ.-Jacq. Wil. 1 pied 5 p. 6 l. de hauteur, sur 1 pied 2 p. 6 lig. de larg.

42. Céladon et Amélia, estampe anglaise; peint par R. Nilson, sculpté par Bronne. 1 pied 5 p. 6 l. de hauteur, sur 1 pied 9 p. de larg.

43. Un Aigle enlevant un enfant, estampe anglaise; peint par Rembrandt, sculpté par Carelon. 1 pied 11 p. de hauteur, sur 1 pied 4 p. 6 l. de largeur.

44. L'Attrapeur de Rats flamands, estampe anglaise; peint par Ostade, gravé par Robert Louverie. 1 pied 9 p. de hauteur, sur 1 pied 4 p. de larg.

45. La Cuisine de Teniers, estampe anglaise; peint par Teniers, sculpté par J.-B. Michel. 1 pied 6 p. de hauteur, sur 1 pied 11 p. de largeur.

46. Les Couseuses; dessiné et gravé par G. Beauvarlet, d'après le tableau original du Guide. 1 pied 4 p. 6 l. de hauteur, sur 1 pied 6 p. de largeur.

47. L'Accordée de Village ; peint par J.-B. Greuze. 1 pied 7 p. de hauteur, sur 2 pieds de larg.

48. La Précaution inutile; peint par Leprince, gravé par Helman. 1 pied 6 p. 6 l. de hauteur, sur 1 pied 10 p. de larg.

49. La Bonne Mère; peint par Fragonard, gravé par N. Delaunay. 1 pied 10 p. de hauteur, sur 1 pied 5 p. 6 l. de larg.

50. Télémaque dans l'Ile de Calipso; peint par Jn. Raoux, dessiné et gravé par Beauvarlet. 1 pied 5 p. de hauteur, sur 1 pied 9 p. de larg.

51. La Mort d'Abel; peint par Ad.-Vr. Werff, gravé par Porperati. 1 pied 10 p. de hauteur, sur 1 pied 4 p. 6 l. de larg.

52. La Confidence; peint par Carle Vanloo, gravé par Jn. Beauvarlet. 1 pied 6 p. de hauteur, sur 1 pied 1 p. de larg.

53. Réjouissance et illumination sur l'esplanade de la ville de Reims; peint par Moreau junior, sculpté par Varin. 1 pied 7 p. de hauteur, sur 2 pieds 3 p. de larg.

54. La Mort du Chevalier d'Assas; dessiné par Casanova, gravé par P. Laurent. 1 pied 10 p. de hauteur, sur 2 pieds 5 p. de larg.

55. Présentation de l'Enfant Jésus au Temple; peint par L. Deboulogne, gravé par P. Drevet. 1 pied 8 p. 6 l. de hauteur, sur 2 pieds 1 p. de larg.

56. Deux Estampes en couleur, faisant pendans, l'une représentant Vertumne et Pomone, l'autre Zéphyre et Flore. 1 pied 2 p. de hr., sur 11 pouces de larg.

57. Combat de la Hougue; peint par D. West, sculpté par E. Voisard. 10 pouces de hr., sur 1 pied 6 l. de larg.

58. Mort tragique du capitaine Cook; peint par J. Webber, sculpté par Fessard. 10 pouces 6 l. de hauteur, sur 1 pied de larg.

59. Deux Estampes faisant pendans, l'une représentant une Fête sur le Tibre, à Rome, l'autre une Vue des environs de Naples; peint par Vernet, sculpté par P.-J. Duret. 1 pied 8 p. de hr., sur 2 pieds 4 p. de larg.

60. Deux Estampes faisant pendans, l'une représentant la Vue de St.-Pétersbourg, l'autre la Vue de La Rochelle; peint d'après nature par Leprince, gravé par Jn.-P. Lebas. 1 pied 8 p. 6 l. de hr., sur 2 pds. 4 p. de larg.

61. Un Naufrage, estampe anglaise; peint par Jn.-P. Deloutherbourgh, gravé par Samuel Smith. 1 pied 5 p. de hauteur, sur 1 pied 9 p. 6 l. de larg.

62. L'Embarquement, estampe anglaise. 1 pied 5 p. de hauteur, sur 1 pied 10 p. de largeur.

63. L'Entrée du Roi à Dunkerque. 1 pied 6 p. 6 l. de hauteur, sur 4 pieds 2 p. de largeur.

64. La Pêche au Crocodille; peint par Fs. Boucher, gravé par P.-P. Moles. 1 pied 11 p. de hauteur, sur 1 pied 5 p. de larg.

65. Clytie; peint par Annibal, sculpté par Fs. Bartolozzi. 1 pied 6 p. de hauteur, sur 1 pied 5 p. de larg.

66. Deux Estampes faisant pendans, l'une représentant la Colère d'Achille, l'autre l'Adieu d'Hector et d'Andromaque; peint par A. Coypel, gravé par N. Tardieu. 1 pied 6 p. de hauteur, sur 2 pieds 4 p. 6 l. de larg.

67. Un Prince entouré de sa famille, estampe anglaise; peint par Doffany, sculpté par Rd. Earlom. 1 pied 7 p. 6 l. de hauteur, sur 1 pied 11 p. de larg.

68. Deux Estampes faisant pendans, l'une représentant la Dame bienfaisante; peint par J.-B. Greuze, gravé par Massard; l'autre la Malédiction Paternelle; peint par J.-B. Greuze, gravé par R. Gaillard. 1 pied 9 p. de hauteur, sur 2 pieds 6 l. de larg.

69. Deux Estampes anglaises. faisant pendans, l'une représentant Wm. Penn traitant avec les Indiens de la province de Pensylvanie, l'autre la Mort du génl. Wolf; peint par B. West, gravé par Woollett. 1 pied 6 p. de hauteur, sur 2 pieds de larg.

70. L'Attrapeur de Rats flamands, estampe anglaise; par les mêmes qu'au no. 44. 1 pied 9 p. de hauteur, sur 1 pied 4 p. de larg.

71. Quatre Estampes anglaises, faisant suite, la 1re. représentant l'Assomption de la Vierge; la 2e., l'Adoration des Bergers; la 3e., l'Apparition du Christ à Marie dans le jardin des Oliviers; et la 4e., le Placement du Christ dans le Sépulchre; peint par G. Farington, gravé par Val. Green. 1 pied 7 p. 6 l. de hauteur, sur 1 pied 3 p. de largeur.

72. Notre-Seigneur à la Piscine; peint par Dietricy, gravé par Flipard. 1 pied 8 p. de hr., sur 2 pieds 1 p. de lr.

73. Les Œuvres de Miséricorde; peint par Teniers, gravé par J.-Ph. Lebas. 1 pied 6 p. 6 l. de hauteur, sur 1 pied 11 p. de larg.

74. Pyrrhus mettant un enfant sous la protection de Glaucias, Roi d'Illyrie, estampe anglaise; peint par West, gravé par John Hall. 1 pied 6 p. 6 l. de hauteur, sur 1 pied 10 p. de larg.

75. La Bohémienne, ou Diseuse de bonne aventure, estampe
anglaise; sculpté par A. Cordon. 1 pied 8 p. 6 l.
de hauteur, sur 1 pied 7 p. de larg.

76. Vénus, Cupidon et un Satyre, estampe anglaise; peint
par Luca Giordano, sculpté par F⁸. Bartolozzi. 1 pied
4 p. 6 l. de hauteur, sur 1 pied 8 p. de larg.

77. La Marchande d'Amours, estampe avant la lettre. 1 pied
4 p. 6 l. de hauteur, sur 1 pied 7 p. de larg.

78. Marche de Silène; peint par P.-P. Rubens, gravé par
N. Delaunay. 1 pied 3 p. 6 l. de hauteur, sur 1 pied
6 p. de larg.

79. Le Chirurgien Flamand; peint par Teniers, gravé par
Daullé. 1 pied 2 p. de hr., sur 1 pied 7 p. de larg.

80. Trois Estampes faisant suite, la 1ʳᵉ. représentant l'A-
breuvoir; la 2ᵉ., le Quartier de rafraîchissement; la
3ᵉ., le Grand Marché aux chevaux; peint par Wouwermans, gravé par J. Moyreau. 1 pied 1 p. de hr.,
sur 1 pied 5 p. 6 l. de larg.

81. Six Estampes faisant suite, représentant les Batailles
d'Alexandre; peint par Lebrun, sculpté par Picault.
4 de 1 pied 6 p. de hauteur, sur 2 pied 8 p. 6 l. de
larg., et 2 de 1 pied 6 p. de hauteur, sur 1 pied 8 p.
6 l. de larg.

82. Deux Dessins faisant pendans, représentant des Centau-
res, faits par Baniclos. 9 po. de hr., sur 1 pd. de larg.

83. Deux Estampes faisant pendans, l'une représentant le
Départ du Chasseur, l'autre le Retour du Chasseur;
dessiné par Carle Vernet, gravé par Debucourt. 1 pied
6 p. de hauteur, sur 1 pied 11 p. de larg.

84. L'Intérieur de l'Église de St. Pierre à Rome. 1 pied 8 p.
de hauteur, sur 1 pied 4 p. de larg.

85. Un Chasseur à cheval; dessiné par Carle Vernet, gravé
par Debucourt. 1 pied 7 p. de hauteur, sur 1 pied
11 p. de larg.

86. Portrait d'Auguste, Prince de Germanie. 2 pieds 1 p.
6 l. de hauteur, sur 1 pied 4 p. de larg.

87. Un Criminel conduit par des soldats devant un Roi assis
sur son trône, estampe avant la lettre. 1 pied 8 p.
de hauteur, sur 1 pied 3 p. de larg.

88. Une Estampe avant la lettre, représᵗ. plusieurs Guerriers
laissant tomber leurs épées nues et se jettant aux
pieds d'un homme sortant de son lit, qui leur décou-
vre sa poitrine et qu'ils allaient sans doute assassiner.
1 pied 6 p. 6 l. de hauteur, sur 2 pieds de larg.

89. Une Femme s'arrachant les vêtemens et les joyaux

qu'elle jette en désordre autour d'elle; peint par
Lebrun, gravé par Delinck. 1 pied 10 p. de hauteur,
sur 1 pied 5 p. de larg.

90. Une Estampe représentant le trait de Mutius Scévola,
peint par Rubens, gravé par Brunet. 1 pied 9 p. de
hauteur, sur 1 pied 6 p. de larg.

91. Deux Estampes anglaises, faisant pendans, l'une représentant Henri VIII, l'autre Lady Godiva; peint par
W^m. Hamilton, gravé par G.-G. Playten. 1 pied de
hauteur, sur 1 pied 2 p. 6 l. de largeur.

92. Deux Estampes en couleur, l'une représentant Uranie,
l'autre Hébé; peint par Cosway, sculpté par Lemaire.
1 pied de h^r., sur 9 pouces de larg.

Ainsi qu'une partie de belles Estampes non encadrées.

*Il se vendra aussi une partie de Figures, tant en bronze, en
porcelaine cuite et non cuite, qu'en biscuit; une partie de beaux
Coquillages, de Camées, de Minéraux, de Médailles, tant en
argent, en cuivre, qu'en cire, et beaucoup d'autres objets rares
et curieux, ainsi qu'une belle Pompe Pneumatique ornée de
tous ses récipients.*

BIBLIOTHÈQUE.

IN - F°.

N^{os}.

1. Tableau historique des campagnes d'Italie, depuis l'an
4 jusqu'à la bataille de Marengo, avec des vues d'après
les dessins originaux de Carle Vernet. Paris, 1806;
1 vol. cartonné à la Bradel.

2. La Galerie du Palais de Luxembourg, peinte par Rubens,
dessinée par Nattier. Paris, 1710; 1 vol. in-f°. max.
cart.

3. The Works of Publius Virgilius Maro, translated by
J^n. Ogilby. London, 1654; 1 vol. orné de belles fig.,
rel.

4. Les Métamorphoses d'Ovide, traduites par Renouard;
1 vol., belles fig., rel.

5. Asia of naukeurige beschryving van het Ryk der Groo-
ten Mogols. Amsterdam, 1672. 1 vol., fig., rel.

IN - 4°.

6. Plantes de la Lorraine; 1 vol. de planches.

7. Histoire Romaine, écrite par Xiphilin; par Zouare et
par Zosime, trad. par Cousin. Paris, 1678; 1 v. rel.

8. Voyage autour du Monde; par George Anson (Amsterdam, 1751), publié par Walter; 1 vol. rel., avec fig. et cartes.

9. Histoire de Charles IX; par Varillas. Paris, 1683; 2 v. r.

10. Beginnende voortgang van de Vereenigde Nederlandsche geoctroyeerde Oost-Indische Compagnie; 2 vol. en parch.

11. L'Afrique de Marmol; de la traduction de Nicolas Perrot d'Ablancourt. Paris, 1667; 3 vol. fig. et cartes, rel.

12. Histoire générale des Antilles; par le R. P. Dutertre. Paris, 1767; 3 vol. rel.

13. Tables de Logarithmes; par Borda, revues par Delambre; 1 vol. rel.

14. Mémoires de Duguay-Trouin. Paris, 1740. 1 vol. fig. rel.

15. Vie de St. Louis; par l'abbé de Choisy. Paris, 1690; 1 vol. rel.

16. Voyage en divers États d'Europe et d'Asie. Paris, 1692; 1 vol. fig. rel.

17. La Philosophie Morale; par Louis Lesclache. Paris, 1655; 1 vol. rel.

18. Histoire générale des Royaumes de Jérusalem, Chypre, Arménie, etc. Paris, 1613; 1 vol. rel.

19. Description de l'Arabie; par Niebuhr. Paris, 1779; 2 vol. cart.

20. De l'usage des Statues chez les Anciens. Bruxelles, 1768; 1 vol. br.

21. La Banque rendue facile aux principales nations de l'Europe; par Giraudeau. Lyon, an 7; 1 vol. rel.

22. Description des Pyramides de Ghize, de la ville du Caire et des environs; par Grobert. Paris, an 9; 1 v. fig. br.

23. Autre exemplaire du même ouvrage.

IN - 8°.

24. Nouveaux mélanges philosophiques; par Voltaire. 1769; 8 vol. rel.

25. La Vie des Peintres Flamands, etc., avec leurs portraits; par Descamps. Paris, 1764; 4 vol. rel.

26. Deux premiers vol. du même ouvrage.

27. Collection des Décrets de la Convention; 4 vol. rel.

28. Satyre Ménippée. Ratisbonne, 1752; 3 vol. rel.

29. Vie de la Comtesse de Lamotte. Paris; 2 vol. rel.

30. Voyage pittoresque dans le Jura; par Lequinio. Paris, an 9; 2 vol. demi-rel.

31. Dictionnaire français-flamand; par Desrocher. Anvers, 1782; 1 vol. rel.

32. Gradus ad Parnassum. Rothomagi, 1766; 1 vol. rel.
33. Dictionnaire latin, de Boudot; 1 vol. rel.
34. Dictionnaire géographique de Vosgien. Paris, 1766;
     1 vol. rel.
35. Les OEuvres de Plutarque. Paris, 1584; 4 vol. rel.
36. Voyages du capitaine Cook autour du Monde. Paris,
     1789; 14 vol. rel. et 2 atlas.
37. Pétrarque à Vaucluse. Paris, 1803; 1 vol. demi-rel.
38. Pensées de l'Empereur Marc-Aurèle Antonin. Paris,
     1773; 1 vol. rel.
39. Secrets concernant les arts et métiers. Paris, 1801;
     2 vol. rel.
40. Amours ou Lettres d'Alexis et Justine. Neuchâtel, 1786;
     2 vol. cartonnés.
41. Lettres d'un voyageur anglais. Londres, 1779. 1 vol. rel.
42. OEuvres de Jn. Racine. Paris, 1778; 5 v. fig. (incompl.)
43. Histoire philosophique et politique des établissemens et
     du commerce des Européens, dans les Deux-Indes;
     par Raynal. Amsterdam, 1772; 6 vol. br.
44. Voyage dans l'intérieur des États-Unis en 1791; par
     Bayard. Paris, 1797; 1 vol. br.
45. De la Maison d'Autriche et de la coalition; par Chau-
     pard. An 8; 1 vol. br.
46. Mémoires de Miss Bellamy. Paris, an 7; 2 vol. br.
47. La Franciade, ou l'Ancienne France, poëme; par Vernes
     fils. Lausanne, 1789; 2 vol. br.
48. La Physique du Monde; par Deshayes. 1 vol. br. —
     Appel au Tribunal de l'opinion publique; par Mou-
     nier. 1 vol. br.
49. Un paquet de brochures.
50. Géographie de Koopman (en flamand); 1 vol. br. —
     Lofzangen en geestelyke liederen. Amsterdam, 1773;
     1 vol. br.

IN - 12.

51. Le Spectacle de la Nature. Paris, 1747; 7 vol. rel.
52. Histoire de la guerre des Juifs contre les Romains; par
     Flavius Joseph. Bruxelles, 1603. 5 vol. fig. rel.
53. Hudibras, poëme, écrit dans le temps des troubles
     d'Angleterre, traduit en vers français, le texte en
     regard. Londres, 1757; 3 vol. rel.
54. Histoire de la découverte et de la conquête du Pérou,
     traduite de l'espagnol de Zarate. Paris, 1742; 2 v. rel.
55. Histoire générale de l'Asie, de l'Afrique et de l'Amé-
     rique. Paris, 1775; 14 vol. rel.

E

56. Mémoires de l'abbé de Moutgon. Lausanne, 1753;
    8 vol. rel.
57. Elémens de l'Histoire d'Angleterre; par Millot. Paris,
    1794 ; 5 vol. rel.
58. Histoire du Paraguay; par le P. Charlevoix. Paris, 1757;
    6 vol. rel.
59. OEuvres de Mme. Dubocage. Lyon, 1762; 3 v. fig. rel.
60. La Lusiade du Camoens, trad. par Duperron de Cas-
    tera. Paris, 1768; 3 vol. rel.
61. Histoire moderne des Chinois, des Japonais et des Per-
    sans, etc., pour servir de suite à l'Histoire Ancienne
    de Rollin. Paris, 1775. 14 vol. rel. (incompl.)
62. Manuel des artistes et des amateurs; par J. Raymond
    de Petity. Paris, 1770; 4 vol. br.
63. Nouvelle Histoire d'Angleterre jusqu'en 1763; par
    Des Chavanettes. Amsterdam, 1765; 6 vol. rel.
64. Les Mille et une Faveurs. Londres, 1783; 7 vol. br.
65. Choix de Causes célèbres; par Desessarts. Paris, 1786;
    12 vol. br.
66. Le Spectateur, ou le Socrate moderne. Amsterdam,
    1718; 3 vol. rel. Deux exemplaires.
67. Faramond, roman. Paris, 1753; 4 vol. br.
68. Histoire de Philippe, Roi de Macédoine. Paris, 1760;
    2 vol. rel.
69. Histoire d'Agathon; par Wieland. 4 vol. rel.
70. Histoire des Dieux qu'adorent les Gentils des Indes.
    Cologne, 1709 ; 3 vol. rel.
71. Cassandre. Paris, 1731; 10 vol. rel.
72. Histoire des Chevaliers de Malthe; par Vertot. Paris,
    1755; 7 vol. rel.
73. Lettres Théologiques; par l'abbé Gauttier. 3 vol. rel.
74. Histoire des guerres de Flandres, trad. de l'italien du
    cardinal Bentivoglio, par Loiseau. Paris, 1769; 4 v. r.
75. Le Père Berruyer, jésuite, convaincu d'obstination dans
    l'arianisme, etc. La Haye, 1756; 4 vol. rel. en 2.
76. Voyage du Chevalier Desmarchais en Guinée; par le
    père Labat. Paris, 1730; 4 vol. rel.
77. Abrégé de l'Histoire universelle; par Voltaire. Londres,
    1753 ; 2 vol. rel.
78. Expériences de Physique; par Polinière. Paris, 1734;
    2 vol. fig. rel.
79. Les Fastes de la Pologne et de la Russie. Paris, 1769;
    2 vol. rel.
80. La Vie d'Elisabeth, Reine d'Angleterre; par **Grégoire
    Leté**. Amsterdam, 1746; 2 vol. rel.

81. Discours sur l'Histoire Universelle ; par Bossuet. Paris, 1759 ; 2 vol. rel.
82. Amadis des Gaules; par le Comte de Tressan. 4 vol. en parch.
83. Lindorf et Caroline; 3 vol. br.
84. Caractères de Labruyère. Amsterdam, 1768. 2 vol. rel.
85. Le Comte de St.-Mérau, ou les Nouveaux Egaremens du cœur et de l'esprit; 4 vol. rel.
86. Dictionnaire historique portatif; par Ladvocat. Paris, 1755; 2 vol. rel.
87. Mémoires pour servir à l'histoire des hommes illustres de Lorraine. Bruxelles, 1754; 2 vol. rel.
88. Abrégé de la Vie des Peintres; par De Piles. Amsterdam, 1767; 1 vol. rel.
89. Etat présent de la République des Provinces-Unies; par F.-M. Janicon. La Haye, 1739; 2 vol. rel.
90. Traduction des Satyres de Perse et de Juvénal. Paris, 1689; 1 vol. rel.
91. Dictionnaire flamand-français; 1 vol. rel. — Grammaire anglaise de Boyer; 1 vol. rel.
92. Dictionnaire poëtique portatif. Paris, 1759; 1 vol. rel. — Géographie de Buffier. Paris, 1760; 1 vol. rel.
93. Dictionnaire géographique de Vosgien; 1 vol. — Les Comptes faits par Barême; 1 vol.
94. Abrégé de la Vie des Peintres, avec des réflexions sur leurs ouvrages et un traité de la connaissance des dessins. Paris, 1699; 1 vol. rel.
95. Le Spectateur Français; par Marivaux. Paris, 1752; 2 vol. rel.
96. Le Tableau de la Vie et du Gouvernement de Richelieu, Mazarin et Colbert, représenté en satyres. Cologne, 1693; 1 vol. rel.
97. Métallurgie, ou l'Art de tirer et de purifier les métaux, trad. de l'espagnol de Barba. Paris, 1751; 2 vol. rel.
98. Pensées et maximes de Malesherbes. Paris, 1802; 1 v. cart. — Abrégé chronologique de l'Histoire Universelle; 1 vol. rel.
99. Traduction de Pétronne. Cologne, 1694; 2 vol. rel.
100. Réflexions de l'Empereur Marc-Aurèle Antonin; 1 vol. — Essai sur les facultés de l'homme; 1 vol. rel.
101. Instruction sur l'Histoire de France et Romaine; par Leragois. Paris, 1723; 1 vol. rel. — Le Véritable père Joseph, capucin; 1 vol. rel.
102. Mémoire du Comte de Forbin; 2 vol. rel. — Du Culte des Dieux fétiches; 1 vol. rel.

103. Vie de l'Empereur Julien. Paris, 1735; 2 vol. rel. — Annalés Belgiques ; 1 vol. rel.
104. Voyage d'un Suisse en Amérique; 1 vol. br. — Traduction de Cornelius Nepos ; 1 vol. br.
105. Select tales of Count Hamilton. London, 1760; 2 v. rel.
106. Description of the house & gardens of Earl Temple; 1 vol. fig. rel.
107. OEuvres de Buffon ; 52 vol. (incompl.)

IN - 18.

108. Histoire de Donquichotte. Paris, 1704; 5 vol. rel.
109. Théâtre de Voltaire. Amsterdam, 1767; 11 vol. rel.
110. Le Trésor du Parnasse. Londres, 1762; 4 vol. rel.
111. OEuvres de Virgile, latin-français. Paris, 1777; 4 v. rel.
112. Le Bachelier de Salamanque; par Lesage. 3 vol. br. — Les Mœurs des Israëlites; par Fleury. 1 vol rel.